APPLICATION

DE LA

CONSTITUTION

DU 25 FÉVRIER 1875

PAR

E. REYNEAU

Conseiller général

AUTUN
IMPRIMERIE DE LOUIS DUPLOYER
1875

APPLICATION

DE

LA CONSTITUTION

du 25 Février 1875

Au commencement de cette année, la majorité de dix voix qui avait renversé M. Thiers, le 24 mai 1873, alors qu'il demandait à l'Assemblée de régulariser par une constitution le fait républicain, restait maîtresse de la situation.

Pressée par les circonstances, elle avait délégué le pouvoir exécutif, pour sept années, au maréchal de Mac-Mahon; mais composée d'orléanistes, de légitimistes et de bonapartistes dont les convoitises monarchiques s'impatientaient, elle n'avait pu se décider à entourer cette délégation d'institutions même passagères.

Elle voulait encore moins cependant faire place à une nouvelle assemblée. Comptant sur les hasards d'une crise quelconque, elle condamnait la France à un *statu quo* plein de menaces et de périls qui inquiétait les intérêts et réveillait les idées de coup d'État.

Quelques membres, plus patriotes, se sont alors détachés de cette coalition impuissante et sont venus proposer aux républicains de former avec eux une nouvelle majorité, non pas pour arriver à une dissolution immédiate, ni à un changement de politique ministérielle, mais au vote d'une constitution républicaine qui ne tarderait pas à rendre la parole au pays.

C'est de là qu'est sortie la Constitution du 25 février 1875, au nom de laquelle,

Électeurs du Sénat,

Électeurs de l'Assemblée législative,

vous allez être bientôt tous appelés à composer les corps de l'État.

Certes, cette Constitution autorise les critiques; les républicains auraient voulu une chambre unique avec la liberté et la vie municipale pour contrepoids, mais il leur a fallu se discipliner et entrer dans la seule voie ou la timidité d'alliés indispensables déclarait vouloir s'avancer, celle dans laquelle les rouages modérateurs sont multipliés.

Quoiqu'il en soit rien d'essentiel n'a été abandonné.

Après le maréchal de Mac-Mahon, dont les pouvoirs expireront en 1880, le président de la République sera élu par les deux chambres réunies.

Le président a le pouvoir exécutif; les chambres

ont le pouvoir législatif. Il n'est responsable que dans le cas de haute trahison, mais ses ministres sont responsables solidairement de la politique générale du gouvernement. Il s'en suit qu'ils doivent marcher d'accord avec la majorité de la Représentation nationale.

A Elle seule, et non au Président, appartient le droit de déclarer la guerre.

D'un autre côté, si le Sénat n'est pas nommé directement par le suffrage universel, il l'est :

Par les députés,

Par les conseillers généraux,

Par les conseillers d'arrondissement,

Par les délégués des conseils municipaux qui tous émanent du suffrage universel. [1]

L'inamovibilité accordée à 75 sénateurs, élus par l'Assemblée, sur 300 qui composent le Sénat, n'enchaîne même pas dans cette proportion la nation, car toute constitution républicaine réserve l'avenir, renferme la clause de révision, et c'est ce qui en fait la légitimité.

Quant au privilége accordé aux communes de participer à l'élection des sénateurs, dans la même pro-

[1] Un amendement de M. Pascal Duprat tendant à faire nommer le Sénat directement par le suffrage universel et voté par les Républicains, a échoué par l'abstention du groupe qui se dit de l'Appel au peuple. L'élection du Sénat n'eut alors différée de l'élection législative que par les conditions d'âge imposées aux candidats.

portion d'un délégué, quel que soit le chiffre de leur population, il crée quelque chose de nouveau dans nos institutions : l'autonomie politique de la commune, mais il portera la discussion des intérêts généraux dans les moindres villages, et, dans tous les cas, il n'a rien d'oligarchique, [1] puisque le suffrage universel donne à la démocratie le dernier mot au village comme à la ville.

Du reste, dans les républiques des États-Unis et de la Suisse, le pouvoir est également exercé par deux Chambres, et tandis que l'une se compose de députés élus directement par le peuple, à raison d'un député par tant de milliers d'âmes, l'autre est formée de membres en quantité égale pour tous les états ou tous les cantons, quelle que soit leur population.

Démocrates, reconnaissons donc, nous rappelant les cris de victoire de la réaction du 24 mai et combien nous avons été près d'un rétablissement de l'ancienne monarchie, sachant combien la France s'affole facilement quand tout point d'appui semble lui manquer et combien le parti bonapartiste exploite ce qu'il appelle « les suprêmes périls, les grandes nécessités sociales » reconnaissons donc que le vote de la nouvelle Constitution est un pas de fait en avant. L'application logique du principe démocratique de la souveraineté du peu-

[1] Il y a oligarchie lorsque le gouvernement est la représentation de quelques catégories de citoyens seulement à l'exclusion des autres.

ple doit conduire à la séparation des Eglises et de l'État, à des impôts plus rationnellement établis, à l'instruction publique répandue à flots dans un esprit purement scientifique et non sectaire, à la presse libre, à l'extension de la propriété par la pratique du droit d'association ouvrière : le fonctionnement régulier de la Constitution ne donnera-t-il pas à la démocratie, si elle le veut, si elle a de l'énergie et de la persévérance, les moyens de poursuivre sa marche ?

Et vous, Conservateurs, qui ne vivez ni de priviléges, ni de places dues à la faveur du Prince, qui ne considérez pas le pouvoir comme la propriété d'une famille, d'une caste ou d'une classe, qui ne répugnez pas aux réformes et qui ne vous êtes mis jusqu'à ce jour à l'abri d'un trône que vous savez vermoulu, qu'à regrets, par crainte des entraînements du suffrage universel, allez-vous continuer à identifier votre cause avec celle des prétendants ?

Vous voulez des garanties contre les surprises de l'opinion, la Constitution du 25 février ne vous en fournit-elle pas de plus sérieuses que le bon plaisir, la vie précaire d'un empereur ou d'un roi. Elle crée deux Chambres. Les lois ne seront promulguées qu'après avoir été délibérées et votées par l'une et par l'autre de ces deux Chambres. Puis, dans le collége électoral, appelé à nommer le Sénat, les délégués des conseils municipaux, au nombre de 5 à 600, ne seront-ils pas à même de voir de près les candidats, d'apprécier leur intelligence, de se renseigner sur leurs antécédents, de discuter, d'arrêter avec eux un programme tout à la fois sage et libéral. Enfin le Président, sur l'avis conforme du Sénat, peut dissoudre la chambre législative et appeler les électeurs à se prononcer de nouveau.

Ah ! ne laissez pas perdre cette occasion de mettre vos intérêts, l'honneur et la fortune de la France, sous la sauvegarde d'un régime de discussion.

Joignez-vous au contraire aux Démocrates.

N'ouvrez la porte de nos prochaines assemblées à aucun de ceux qui y viendraient pour remettre tout en question.

Nous ne sommes pas hors de danger.

Le suffrage universel est en garde contre les légitimistes et les orléanistes, mais il lui reste le parti bonapartiste à démasquer, le parti clérical à bien connaître.

LE PARTI BONAPARTISTE

Pendant dix-huit ans le parti bonapartiste a agi et parlé en maître, il a hâte de voir revenir une pareille époque.

Il est peu nombreux, mais ce qui fait sa force, c'est qu'il ne lutte pas pour des idées, il n'en a pas. Il lutte ou pour le paiement de ses dettes, ou dans l'espoir d'un avancement rapide, ou pour retrouver une petite sinécure, en un mot pour exploiter l'avénement d'un prince.[1]

Quant aux Napoléons, ils sont comme leurs soldats, hommes d'expédients. C'est l'histoire qui parle.

Leur a-t-on confié le pouvoir exécutif? Pour ne pas le rendre et y ajouter le pouvoir constituant et le pouvoir législatif, ils invoquent **le péril social, la cause de l'ordre** et font des coups d'État, Brumaire 1799, 2 Décembre 1851.

Le pouvoir est-il en d'autres mains que les leurs?

Ou bien ils perdent patience et cette fois, **au nom de la liberté, des droits populaires,** ils conspirent et prennent les armes contre le gouvernement établi, ainsi que Napoléon III l'a fait deux fois sous le

[1] Dans ces derniers temps, les tribunaux correctionnels et les cours d'assises ont été appelés à nous montrer de nombreux échantillons de ce parti de l'ordre. Pour ne citer que les plus curieux : Un M. Carra, coiffeur des quartiers élégants, dont les journaux bonapartistes avaient glorifié le nom pour l'envoi d'un encrier au Prince impérial, le jour de sa fête, a été condamné à 7 ans de prison pour vols et détournements; un M. Aubert, s'intitulant notable commerçant, lors d'un envoi au même Prince d'une épée, a eu, lui, 4 ans de prison pour faux en écritures de commerce.

règne de Louis-Philippe, à Strasbourg en 1836 et à Boulogne en 1840.[1]

Ou bien moins pressés d'agir, moins hardis, ils se contentent, comme en ce moment, d'entretenir une foule d'agents qui, dans les journaux, dans les brochures, dans les ateliers, dans les campagnes, exploitent nos divisions, nos faiblesses, notre ignorance.

1 Conservateurs qui avez quelques illusions, lisez ce passage de l'interrogatoire de Napoléon III devant la Cour des pairs, en 1840, il vous édifiera :

« Le Président : N'avez-vous pas fait un discours à la troupe pour l'engager à se réunir à vous, et n'avez-vous pas distribué des grades et des promesses d'avancement ?

» Louis Napoléon : Oui, Monsieur.

» Le Président : Sur ces entrefaites, le capitaine Col-Puygellier n'est-il pas parvenu avec d'autres officiers à se frayer un passage vers la troupe ?

» Louis Napoléon : Oui, Monsieur.

» Le Président : Sur son refus de seconder vos projets et sur la menace d'employer la force pour vous expulser de la caserne, **n'avez-vous pas tiré presque à bout portant sur le capitaine un coup de pistolet qui ne l'a pas atteint** mais qui a blessé un soldat placé derrière ou à côté de lui ?

» Louis Napoléon : J'ai déjà dit précédemment qu'il y a des moments où l'on ne peut se rendre compte de ses intentions. Lorsque j'ai vu le tumulte commencer à la caserne, j'ai pris mon pistolet ; il est parti sans que j'aie voulu le diriger contre qui que ce soit.

» Le Président : En sortant de la caserne, ne vous êtes-vous pas dirigé vers la haute ville dont vous avez vainement essayé d'enfoncer les portes ?

» Louis Napoléon : Oui, Monsieur,

» Le Président : Vous vous proposiez de distribuer au peuple des fusils que vous supposiez dans le château ?

» Louis Napoléon : Oui, Monsieur. »

La propagande du parti bonapartiste sait prendre tous les masques. Elle est conservatrice, révolutionnaire, cléricale, anti-cléricale. Elle change de batteries pour tromper le peuple selon les besoins, les milieux.

Quand elle s'adresse aux ouvriers, elle est socialiste, elle leur représente le régime impérial protégeant le travail manuel contre l'exploitation des riches et des patrons. En revanche, dans les journaux qu'elle destine aux conservateurs, elle parle de la démocratie industrielle comme d'une bête fauve qu'on mâte.

Après le mouvement insurrectionnel qui a suivi, à Paris, les misères et les déceptions d'un siège de cinq mois, la presse bonapartiste s'élevait contre toute pensée de clémence et de miséricorde, avec une violence de cannibale.

Et en même temps les agents de ce parti allaient chercher parmi les condamnés de la Commune, détenus au fort de Quelern, des adhésions à l'Empire ; ils leur promettaient l'amnistie et d'abord des adoucissements de peine s'ils voulaient se faire les apôtres du bonapartisme. [1]

[1] Ces faits sont consignés dans la déposition du préfet de police au *Journal officiel* des 2, 3, 4 et 5 mars 1875. Une lettre qui y figure et qui a été trouvée chez un M. Amigues, organisateur des manifestations à Chislehurst, met, une fois de plus, au jour le caractère de cette politique à deux faces qui est particulière à l'Empire et dont le but est de tromper en même temps et conservateurs et radicaux. Elle venait du fort du Quélern, la voici : « Ce qu'il faudrait, ce serait reprendre encore en dessous la matière électorale, puisqu'on compte uniquement

C'est surtout pour nos campagnes où malheureusement on lit trop peu, où les événements colportés de bouche en bouche n'arrivent trop souvent que défigurés, où l'on n'a sous la main aucun document rappelant les faits d'hier, que le parti bonapartiste réserve ses hâbleries impudentes.

Abandonnez-vous à son Prince, un garçon de vingt ans; faites-le, comme son père, omnipotent, il vous bâclera avec Rouher une constitution qui lui permettra de gouverner sans bavards, sans agitation, sans crise ministérielle, et tout ira bien........... jusqu'à la culbute comme avec son père.

Quatre années se sont à peine écoulées depuis nos incalculables désastres, et ils osent vous parler de la grande prospérité due à Napoléon III.

Non, ce n'est pas une prospérité, même exceptionnelle d'une vingtaine d'années, qui eût donné les moyens de payer les frais d'un règne tel que le sien.

sur le plébiscite, et avoir pour soi les divers comités qui considèrent Gambetta comme un aristo, un bourgeois, un avocat enfin. Il y en a dans tous les centres industriels, et je pourrai peut-être y avoir des relations. Pour enlever aux chefs radicaux leur clientèle, un journal populacier (à un sou, le journal des petits) tiré à 500,000 exemplaires et un comité formé de communards plus ou moins bon teint, seraient plus efficace que l'alliance en question et surtout plus solide. Cela donnerait, avec ce qui existe dans le parti, le moyen de recueillir des votes à tous les étages de la société, parmi les cléricaux et les conservateurs représentés par l'Empire et par M. Rouher, parmi les bourgeois et les paysans, et enfin parmi les ouvriers socialistes et les affiliés de l'internationale qui ne sont pas à dédaigner. »

Il a fallu plus d'un demi-siècle de paix, de travail et d'épargne ; il a fallu que la France ait eu le temps de réparer les ruines causées par le premier Empire.

Vers 1850, un changement s'est produit dans les conditions économiques de la France, comme de l'Angleterre, de la Belgique, etc. Par suite de la découverte et de l'exploitation des gisements d'or de la Californie, l'or a circulé en plus grande abondance, comme par suite de la création des chemins de fer et on pourrait presque dire de la naissance de la grande industrie, le prix des denrées et des salaires s'est accru. Or, comme le règne de Napoléon III a commencé à peu près à la même époque, les bonapartistes exploitent cette coïncidence, et beaucoup d'esprits, qui n'ont pu constater ces phénomènes ailleurs qu'en France, s'y laissent prendre.

On peut dire et prouver, au contraire, que bien loin d'avoir favorisé la marche ascensionnelle de la richesse industrielle et commerciale chez nous, Napoléon III a toujours agi, pendant son règne, de façon à l'entraver.

Tout y était surprise pour les intérêts.

C'est la guerre de Crimée, c'est la guerre d'Italie, qui éclatent à l'improviste.

C'est la guerre du Mexique qui rompt nos relations commerciales avec cet état et qui nous vaut la fermeture du marché bien autrement important des États-Unis.

C'est la guerre avec l'Allemagne qui suit de deux années la grande exposition internationale, à laquelle tous les monarques de l'Europe avaient été conviés, et de quelques jours le plébiscite.

Puis aux secousses causées aux affaires par des déclarations de guerre, que personne ne prévoit, se joignent des changements non moins subits dans les conditions économiques intérieures.

C'est le traité de commerce qui se conclut dans l'ombre, de manière à ne pas éveiller l'attention de ceux qu'il va ruiner.

C'est, dans un cercle plus restreint, l'annexion à la Ville de Paris des 500,000 habitants des communes suburbaines qui sera décrétée et réalisée après avoir été démentie d'une manière formelle.[1]

[1] Je ne puis m'empêcher de reproduire ce démenti. Il est typique. Il peint le règne, toujours affirmant le contraire de ce qu'il médite et toujours charlatan :

« On cherche en ce moment à répandre dans la banlieue le bruit que le gouvernement, d'accord avec l'addministration municipale, a décidé que la circonscription de l'octroi serait étendue jusqu'aux murs d'enceinte des fortifications, afin de soumettre à cet impôt des populations qui, jusqu'ici, en avaient été exemptes. Il n'est pas difficile de comprendre dans quelle intention la malveillance colporte ce mensonge. Les partis qui savent combien, en toute circonstance, la banlieue de Paris s'est montrée reconnaissante et dévouée pour le Prince et avec quel empressement elle ira voter dimanche en faveur de l'Empire, espèrent l'abuser par cette fausse démarche et refroidir son zèle.

» Le piège est trop grossier pour que les populations s'y laissent prendre; elles connaissent les vives sympathies du Prince à leur égard. Comment pourraient-elles croire que celui qui, en dégrevant la contribution de 27 millions, a déjà restitué à l'agriculture les fameux 45 centimes, et qui se préoccupe constamment des moyens de diminuer les impôts onéreux pour les classes laborieuses, soit résolu d'en étendre ou d'en aggraver le fardeau ? » (*Moniteur universel* 1852)

C'est dans les grands centres la volonté préfectorale, sans autre contrôle que celui de commissions qu'elle se choisit, qui enrichit celui-ci, ruine celui-là. Elle y établit des ateliers de démolitions et de constructions qui fonctionnent sans méthode, sans prévoyance, produisant la cherté, la surabondance, endettant les villes pour plusieurs générations.

C'est le pot de vin aux amis du château qui décide des concessions, des marchés.

C'est le caprice qui se joue des intérêts privés aussi bien que de l'argent des contribuables.

En 1855, le gouvernement exigeait que l'industrie des voitures de place à Paris fut monopolisée, puis, quelques années après, il déclarait indispensable de revenir à la libre exploitation et la Ville de Paris (qui n'avait pas, bien entendu, de conseil municipal élu) payait à la compagnie privilégiée pour lui retiror son monopole, une indemnité de 16 millions 900 mille francs.

Quc de choses en ce genre il y aurait à citer.

Si la France a été prospère sous le règne de Napoléon III, c'est à elle seule qu'elle le doit.

Rappelons-nous la première exposition universelle. Elle a eu lieu à Londres, en 1851, avant le coup d'État, avant l'Empire, et la France en est sortie victorieuse. Elle n'avait pas besoin d'un Napoléon III pour rester la première nation agricole, industrielle et artistique du monde, mais elle avait besoin de lui pour voir la botte du Prussien fouler de nouveau son sol.

Du reste, comme dix-huit années prospères suivies d'une invasion, d'un démembrement et d'une rançon de cinq milliards sembleraient achetées bien cher même aux plus naïfs ; comme aussi vin, blé, bétail tout se vend aujourd'hui à des prix supérieurs ; comme enfin les recettes de nos chemins de fer [1] augmentent avec leur réseau, il faut bien que les agents du bonapartisme agitent d'autres cordes.

Ils n'y manquent pas.

Ils cherchent à faire une légende à Napoléon III, à rejeter sur d'autres la responsabilité de nos défaites.

Ils disent : Il a été trahi, l'opposition lui a refusé les moyens de renouveler son matériel de guerre, d'armer la mobile.

Trahi, par qui donc ? Il n'y a qu'un homme qui ait trahi en 1870. C'est Bazaine. Mais qui a-t-il trahi ? Ce n'est pas l'Empereur, c'est la France. C'est après Sedan, lorsque la France, reprenant possession d'elle-même, faisait un appel désespéré à tous ses enfants, que Bazaine, sortant du rôle tracé à un général d'armée, en face de l'ennemi, est entré avant l'heure sonnée de la capitulation dans ces pourparlers avec les Allemands qui l'ont fait condamner à mort et où les

[1] Les recettes des chemins de fer pendant les six premiers mois de 1873 (présidence de M. Thiers) ont été de 380,712,761f
Et pour les premiers mois de 1869 (Empire) de 318,349,444

Soit une différence de 62,363,317
de plus en 1873 qu'en 1869.

intrigues bonapartistes jouaient le premier rôle.

Bien loin d'avoir été trahi, c'est lui, Napoléon III qui, par son incurie d'abord, puis par des préoccupations dynastiques, a valu à nos soldats leurs plus sanglants revers.

Pourquoi notre dernière armée, si difficilement reformée à Châlons-sur-Marne, des débris du corps d'armée de Mac-Mahon et des troupes des dépôts, au lieu de se porter au-delà de la Loire ou de venir se mettre sous la protection des forts de Paris, a-t-elle marché à la rencontre plus que problématique de Bazaine et s'est-elle perdue tout entière à Sedan ?

C'est que le pouvoir absolu n'a pas la faculté de battre en retraite et que l'impératrice, l'empereur, les intimes, tous comprenaient qu'il fallait une victoire immédiate ou perdre cette toute puissance si précieuse. Ils ont visé leurs intérêts particuliers et ont entraîné la France dans leur chute.

Autre allégation.—L'empereur a manqué d'argent, l'opposition lui en refusait pour armer la mobile, pour renouveler le matériel de guerre.

Napoléon III qui avait contre lui tous les centres industriels, toute la jeunesse des écoles, tous les hommes réfléchis, n'a pas armé la mobile, savez-vous pourquoi ? C'est qu'avant de l'armer, il aurait fallu l'exercer, et pour l'exercer, demander aux populations des sacrifices qu'elles ne voulaient pas faire et qui, s'il les y eût forcées, auraient voté NON au lieu de OUI, lors des élections, malgré préfets et maires.

Il récoltait ce qu'il avait semé.

Il avait énervé les Français. Il leur avait dit : Désintéressez-vous des préoccupations du citoyen, ne songez qu'à vos affaires et pour tout ce qui regarde les intérêts généraux, laissez-moi penser, prévoir, agir pour tous. Il était dans l'impossibilité d'exiger d'eux autre chose que les charges habituelles.

Maintenant si nos armements n'étaient pas en état, ce n'est pas que Napoléon III ait manqué d'argent, c'est qu'il l'a gaspillé.

Jamais, malheureusement, l'opposition au Corps législatif n'a été en mesure de faire repousser quoi que ce soit. Elle ne se composait que d'une quinzaine de membres. Tous les autres députes, issus des candidatures officielles, votaient comme un seul homme. Ils en avaient pris à l'avance l'engagement vis à vis des préfets.

Aussi, quelques jours avant la guerre, le 15 juille 1870, il fallait entendre les vociférations, les injures de ces tristes comparses, lorsque M. Thiers disait aux ministres de Napoléon III :

« Vous voulez déclarer la guerre, vous « rompez sur une question de susceptibilité, « et quand le fond vous est accordé, pour une « question de forme, vous vous disposez à « verser des torrents de sang. »

Et de plus « vous n'êtes pas prêts. »

Voilà quel était le langage honnête, prophétique de

l'opposition, mais il était couvert de huées, tandis qu'au contraire, au Sénat, on accueillait avec enthousiasme ces paroles :

« L'Empereur a su attendre, mais depuis quatre années, il a porté à sa plus haute perfection l'armement de nos soldats, élevé à sa toute puissance l'organisation de nos forces militaires......... grâce à vos soins, la France est prête, Sire. »

Il paraît que de telles paroles pèsent bien peu sur la conscience de celui qui les prononçait, car M. Rouher a l'audace aujourd'hui de se présenter devant les populations comme le chef militant et justicier du parti bonapartiste.

Faisons les comptes. Le montant des impôts, en 1870, était de 553 millions de plus qu'en 1851. C'est donc une augmentation d'un demi-milliard que Napoléon III a eue annuellement à sa disposition, soit pendant tout son règne 9 à 10 milliards.

Qui peut soutenir qu'avec une pareille somme, ample satisfaction ne pouvait pas être donnée à tous les besoins d'un grand peuple et d'une démocratie : armement, instruction, travaux d'utilité générale, assistance.

Aucun de ces services cependant n'a été satisfait, parce qu'il en est des gouvernements d'apparat comme des individus vaniteux et prodigues; ils sacrifient aux apparences et au luxe, l'utile et le nécessaire.

L'infériorité de notre armement, comparé à celui de la Prusse, avait pour causes : l'outrecuidance de tout le personnel impérial qui, au milieu d'une population dépouillée de tous ses droits, s'était habitué à avoir facilement raison, et aussi l'expédition du Mexique. On avait englouti dans ce gouffre la meilleure part du budget de la guerre.

Le service de l'instruction publique n'était cependant, lui aussi, que misérablement alimenté. Dans notre département, un des moins mal partagés à cet égard, qu'on a endetté sous l'Empire pour la construction d'une préfecture aussi somptueuse que le palais d'un souverain, les écoles et les maîtres manquaient en 1870 à plus de dix mille enfants. Depuis cette époque, les conséquences du règne, l'impossibilité de voter des centimes spéciaux ne nous ont pas permis de réduire ce chiffre à plus de cinq mille.

D'un autre côté, quelle part relativement mesquine a été faite aux travaux d'utilité générale, à la canalisation, à la vicinalité, aux chemins de fer, à l'endiguement des fleuves, lorsqu'on la rapproche des dépenses de faste, puisque un seul monument, l'Opéra devait coûter à l'État 52 millions.

Quant à l'assistance publique, il l'a laissée dans l'état rudimentaire où il l'a trouvée, cet homme qui a été le maître absolu pendant 18 ans, qui a disposé de milliards et qui, sous le règne de Louis-Philippe, avait fait répandre à profusion, dans les faubourgs, des brochures socialistes promettant l'extinction du paupérisme. Il a même arrêté dans son premier élan le mouvement des ouvriers pour arriver à se tirer d'affaire eux-mêmes. En 1851, combien d'associations ont été dissoutes et ruinées.

Non, non, ce n'est pas la passion, c'est le jugement le plus froid qui condamne cent fois Napoléon III, avant même la perte de l'Alsace et de la Lorraine. Le bilan de ce règne néfaste, le voici : au début, acceptation des plus lourdes responsabilités pour posséder le pouvoir; il chasse, il emprisonne les représentants du peuple confiés à sa garde; il compromet l'honneur de l'armée, sa légitime popularité, en se servant d'elle pour un coup d'état, pour violer les lois ; il tue, il déporte, il exile — puis, absence continue de toutes les garanties constitutionnelles, de toutes les liberté municipales dont jouissent les peuples civilisés ; puis dilapidations des deniers publics ; puis, guerres coûteuses sans autre résultat que la perte successive de tous nos alliés, — finalement démoralisation, impuissance, honte et démembrement.

Si maintenant, après l'examen du second empire, nous nous reportons au premier, que voyons-nous ? Un homme issu de la Révolution, élevé par elle au premier rang, qui ramène sur les pas de la démocratie affranchie les obstacles qu'elle avait écartés au prix de tant de sang répandu; qui rétablit l'hérédité monarchique au profit de sa famille, la noblesse, les majorats les religions d'état qui, à l'extérieur, condamne la France à faire la guerre, sans trève pendant quatorze ans, pour la conduire à Waterloo, lui faire subir la honte de deux invasions et la perte des provinces du

Rhin et de la Belgique, conquêtes légitimes de la première république sur les monarchies de l'Europe coalisées contre elle.

A qui donc, après de pareils exemples, le despotisme napoléonien peut-il faire illusion ?

Est-ce à ceux pour qui la vie est facile et qui demandent un peu trop à s'endormir sur l'oreiller de la béatitude ?

Quel réveil épouvantable il leur donne; .

Est-ce à l'industriel, au commerçant ?

Quelle révolution dans sa tourmente a jamais entraîné autant de catastrophes que l'effondrement des deux Empires.

Est-ce alors à cette grande masse de contribuables, dont la vie est dure, et qui aspire si justement au mieux?

Elle sait ce que le régime impérial lui apporte de soulagement et de justice. Son argent, il l'emploie dans des dépenses de gloriole monarchique, à multiplier un fonctionnarisme insolent et policier qui la traite en esclave. Quant a ses os, il les fait pourrir sur les champs de bataille.

Elle sait ce qu'il faut entendre par ces mots : **l'appel au peuple,** dans la bouche des bonapartistes.

C'est le droit de se mettre la corde au cou.

Ce n'est pas le **plébiscite,** comme on le pratique dans une république, dans un gouvernement populaire, en Suisse par exemple, se prononçant sur les lois importantes après qu'elles ont été discutées par une presse libre, par les citoyens, puis élaborées et présentées par les assemblées nationales.

L'appel au peuple, pour les bonapartistes, c'est le droit pour le peuple de s'abandonner à un bonaparte, de se livrer à lui pieds et poings liés.

Après le vote, la souveraineté nationale sera confisquée jusqu'au jour où, dans un but de stratégie quelconque, il plaira aux bonapartes, après s'être assurés du terrain, de renouveler la comédie, comme en 1870.

Après le vote, un Napoléon imberbe ou podagre aura le droit de déclarer la guerre.

Lui seul nommera les sénateurs.

Quant aux députés,

aux conseillers généraux et d'arrondissement,

aux conseillers municipaux,

le peuple les nommera, mais à la condition de prendre ceux-là seuls qui seront agréables aux préfets et soutenus par les sous-préfets, les maires, les commissaires de police, les gardes champêtres et les divers employés de l'Administration, tous transformés en agents électoraux.

Malheur à qui se croira en droit d'user librement de son bulletin de vote. Il sera mis à l'index, menacé dans ses moyens d'existence, voué aux rigueurs administratives, placé sur la liste des suspects.

Il n'est pas jusqu'à la distribution des fonctions de maire et d'adjoint, dans nos villages, que le régime impérial ne jalouse et ne confisque au suffrage universel.

L'Assemblée nationale avait fait en même temps que

la loi sur les conseils généraux, une autre bonne loi : celle qui donnait aux conseils municipaux le droit de choisir parmi eux les maires et les adjoints.

Après le 24 mai 1873, c'est le groupe bonapartiste à la Chambre qui a exigé de la coalition monarchique dont il avait formé l'appoint pour le renversement de M. Thiers, qu'elle revînt au mode de l'Empire pour la nomination des maires et des adjoints. Il lui a même prêté, pour cette besogne, son personnel de préfets.

Et ce mode, et cette besogne sont tellement en contradiction avec le verdict du suffrage universel, librement exprimé que, dans notre département, M. le préfet Malher a pu destituer je ne sais combien de maires et d'adjoints nommés par leurs concitoyens et, parmi eux, plus de trente investis en outre des mandats de conseiller général ou d'arrondissement. Il les a remplacés par des gens qui ne faisaient pas même partie des conseils municipaux.

En vérité, suffrage universel, ce soi-disant parti de l'Appel au peuple, a de ta mémoire une singulière opinion lorsqu'il te parle de son respect pour ta souveraineté.

Oui, si tu te prononces en leur faveur, les bonapartistes trouvent tes arrêts sans réplique, mais si tu te permets dans tes manifestations communales, départementales, nationales de nommer des assemblées où ils ne sont pas, ils chassent tes élus.

LE PARTI CLÉRICAL

Le parti clérical est d'un tout autre ordre ; il obéit à un principe : soumission absolue aux doctrines du Pape infaillible. Mais les prétentions de la papauté à sortir des questions purement religieuses pour intervenir dans la constitution civile et politique des peuples, ont été de tous temps tellement contraires à l'indépendance des nations, que nos rois, fils soumis de l'Eglise, trop soumis même quand on se rappelle la croisade contre les Albigeois, l'inquisition et la révocation de l'édit de Nantes, ont toujours assigné des bornes à son action.

Au quatorzième siècle, Louis IX, que l'Église a canonisé, publiait la Pragmatique Sanction qui refusait aux papes le droit de faire aucune levée d'argent en France sans le consentement du Roi. Philippe-le-Bel, son petit-fils, demandait et obtenait la déposition de Boniface VIII, pour avoir enjoint aux prélats français de se rendre à un concile où devait être établie la supériorité de la puissance spirituelle sur la temporelle.

Au dix-septième siècle, le clergé de France, dans la célèbre déclaration de 1682, rédigée par Bossuet, revendiquait les anciennes franchises connues sous le nom de libertés gallicanes et disait : « que St-Pierre et ses successeurs n'ont reçu de puissance que sur les choses spirituelles. »

Au dix-neuvième siècle enfin, même politique de la part des gouvernants : le concordat intervenu entre le pape Pie VII et Napoléon, premier consul, a été une œuvre de réaction fatale, puisqu'elle a fait rentrer l'Église dans l'État, alors que l'Église avait accepté sa séparation et que la liberté commune, dont elle jouissait sous le Directoire, donnait ample satisfaction aux besoins des croyants ; malgré cela, l'auteur du concordat entendait si peu sacrifier sa propre autorité au pouvoir ecclésiastique, qu'il lui imposait la reconnaissance des principes gallicans et de quelques-unes des conquêtes[1] de la Révolution et que plus tard, en 1813, à la suite de quelques différends il faisait prisonnier le Pape, pour obtenir un nouveau concordat, que Pie VII aussitôt libre déclarait nul.

Puis, sous la Restauration elle-même, sous le règne de Charles X, le grand-père de M. le comte de Chambord, on bannissait de France la milice la plus active du parti ultramontain : les Jésuites. Et sous Louis-Philippe, on ne leur rouvrait pas les portes.

Eh bien ! aujourd'hui que nous n'avons plus ni roi, ni empereur intéressé à défendre les droits de la couronne contre les empiétements cléricaux, aujourd'hui, que nous sommes en République, que nous avons à faire nous-mêmes nos affaires, à assurer le présent, à prévoir l'avenir, qui donc va sauvegarder les droits de l'État, si nous laissons le parti clérical envahir nos assemblées ?

[1] Ainsi l'art. 55, les curés ne donneront la bénédiction nuptiale qu'à ceux qui justifieront avoir contracté mariage devant l'officier civil.

Pour comprendre l'importance de la question, voyons quel est le but qu'il poursuit et quels sont ses moyens d'action ?

Son but, il ne s'en cache pas, c'est d'arriver à la réalisation des doctrines sociales contenues notamment dans l'encyclique de Pie IX, appelée le *Syllabus*.

Or, voici en regard les propositions du Syllabus et les principes de 1789, sur lesquels repose notre société française ; ils sont aux deux pôles :

PRINCIPES DE 89.	PRINCIPES DU SYLLABUS.
— La religion n'est pas et ne peut pas être un rapport social; elle est un rapport de l'homme privé avec l'Être infini. La religion ne peut pas être plus nationale que la conscience. (MIRABEAU.)	— La religion catholique apostolique et romaine doit être déclarée religion unique de l'Etat. L'exercice des cultes dissidents doit être interdit à tout autre qu'à des étrangers.
CONSÉQUENCE : Il y a quelque chose de plus large que la communion religieuse, qui relie les Français entre eux, c'est la PATRIE. Tout Français, quels que soient son culte ou son opinion philosophique, est citoyen, a des droits égaux.	CONSÉQUENCE : Protestant, juif, philosophe, ou bien catholique non pratiquant qui ne va pas à confesse, qui manque à la communion, perdra partie ou la totalité des avantages attachés à la qualité de français. Par exemple : il ne sera pas apte aux fonctions publiques ; en justice, les présomptions seront contre lui.
— Il faut que la presse soit libre pour qu'elle puisse colporter partout la pensée et les griefs de chacun.	— La liberté de la presse en matière d'opinions religieuses, philosophiques et politiques corrompt les esprits et les mœurs. Elle ne doit pas exister.
— Recevant toujours, ne rendant jamais à la circulation, les	— L'Église et les communautés doivent être considérées

fondations déshéritent le travail, découragent l'épargne, empêchent la division de la propriété qui est une garantie d'ordre social.

Conséquence : Interdiction de léguer ou donner à un être de convention recevant pour l'éternité !

— La justice est égale pour tous.

— Le service militaire est obligatoire.

— Il ne faut pas confondre la liberté avec l'indépendance, attendu que la liberté résulte de l'abandon réciproque que fait chaque individu de son indépendance pour en créer un fonds général qu'on appelle loi. Aucun individu, aucune association ne peut se mettre au-dessus des lois.

— L'Etat, pour arriver à fonder l'unité morale de la nation et assurer les progrès de la science, possède une université accessible à toutes les communions, n'en excluant, n'en favorisant aucune.

— Nos institutions dérivent de l'exercice de la souveraineté nationale imprescriptible et inaliénable.

comme des personnes ordinaires, pouvant posséder, hériter, acquérir, aliéner en leur nom collectif sans que l'Etat ait rien à y voir.

Conséquence : Liberté absolue de reconstituer les biens de main-morte; dussent-ils à la longue absorber tous les héritages.

— Des tribunaux ecclésiastiques doivent connaître des causes tant civiles que criminelles concernant les personnes religieuses

— Les ecclésiastiques sont de droit et non *en vertu des convenances de l'Etat*, exempts du service militaire.

— Les peuples doivent reconnaître l'autorité du Pontife, en qui se personnifie la souveraineté divine; ils doivent respecter son indépendance.

— La direction de l'enseignement public tant supérieur que secondaire et primaire doit être exclusivement confiée au clergé. Il doit s'immiscer dans la direction des études, dans la collation des grades, dans le choix et l'approbation des maîtres.

— Le pouvoir appartient aux Princes légitimes. Il vient de Dieu et non des hommes.

— Chaque peuple est maître chez lui.	— On ne doit pas proclamer le principe de non intervention et l'Eglise chrétienne a le droit d'exercer sa souveraineté civile dans le domaine qui lui a été concédé par Charlemagne.
	Conséquence : Devoir pour la France cléricale d'exiger du royaume d'Italie la restitution de toute la partie composant anciennement les Etats pontificaux, et annexée par lui en 1870 avec l'assentiment de la Prusse.
— La loi ne se préoccupe pas dela croyance, elle ne reconnaît aux français qu'un état, l'état civil.	— L'Etat ne peut être séparé de l'Eglise, et il n'y a pas de vrai mariage sans les sacrements de l'Eglise.
Conséquence : Le mariage prononcé à la mairie par l'officier municipal établit l'union des parents, la légitimité des enfants.	Conséquence : Entre dissidents de l'Eglise, comme entre tous ceux qu'il ne conviendra pas au clergé de marier, l'union, aux yeux de la loi, n'aura aucun caractère légitime.

Après cet exposé, peut-il être douteux pour quelqu'un que l'application des principes du Syllabus par le parti clérical ruinerait de fond en comble notre législation ? Je ne le crois pas.

Je passe donc à l'énumération des forces dont ce parti dispose, *en dehors de nos assemblées*, et pour cela, après avoir rappelé qu'aujourd'hui dans l'Église de France, l'esprit est un, que personne n'ose plus ouvertement s'y dire gallican ; je me borne à citer un passage de M. de Lamartine, écrit il y a bien près de vingt ans, je resterai en deçà de la vérité :

« L'Église catholique est la seule grande association autorisée, protégée et salariée dans le pays ; une nation dans une nation, un état dans l'état ; une société à part de la société civile et presque aussi nombreuse que le peuple entier. Elle a ses démarcations provinciales qui sont les évêchés, ses subdivisions territoriales qui sont les paroisses. Elle a un personnel de quatre-vingt mille ministres des cultes, depuis les curés jusqu'à ces ordres religieux qui forment une chaîne non interrompue d'influences et d'enseignements depuis l'oreiller des rois jusqu'au grabat des indigents, comme les Jésuites et les frères ignorantins. Ils ont tous les temples, toutes les cathédrales, tous les chapitres, tous les édifices, tous les évêchés, tous les séminaires, dotés, réparés, entretenus aux frais de l'Etat. Ils ont l'autorisation de rassembler et d'instruire tous les jeunes gens qu'ils peuvent contenir dans leurs grands séminaires. Ils ont des petits séminaires où ils prédisposent les enfants pauvres avant l'âge même des vocations raisonnées. Ils ont l'exemption de la conscription pour tous ceux qui déclarent leur appartenir. Ils ont les corporations innombrables d'hommes et de femmes qui reçoivent comme une seule âme leurs inspirations. Ils ont les fabriques, leurs revenus. Ils ont le salaire de trente millions pris sur l'impôt et payé par l'Etat. Ils ont le casuel et les messes qui, pour l'universalité de l'Empire, ne peut pas s'évaluer à moins de dix millions. Ils ont vingt mille bourses de séminaristes payées par l'État pour le recrutement du clergé. Ils ont plus de cent millions de biens de main-morte. Ils ont de plus l'inépuisable et volontaire impôt des aumônes, qui ne reste pas dans leurs mains, mais qui y passe et qui leur achète les pauvres avec le denier caché de Dieu. Ils ont le droit d'assembler les hommes par masse à toutes les heures et de leur parler sans contrôle. Ils ont la domination morale de la famille par les femmes et par les mères. Voilà la situation vraie du clergé catholique en France, aujourd'hui ! Elle est telle que si l'on nous disait de choisir entre ces deux conditions, ces deux organisations et ces deux puissances, la puissance de l'Etat en France et celle du clergé ; nous n'hésiterions pas, nous prendrions celle du clergé ! »

Ainsi, forces presqu'égales à celles de l'État et principes en complète opposition avec ceux qui nous régissent, telle est la situation du parti clérical. Si le suffrage universel prend pour sénateurs ou pour députés des hommes de cette opinion, que restera-t-il au bout de quelques années des conquêtes de la Révolution, de l'égalité civile et de la souveraineté du peuple ?

Rien.

Mais les cléricaux à combattre ne sont pas ceux-là seuls qui professent ouvertement les principes du Syllabus ; il y a aussi les cléricaux d'opposition, c'est-à-dire tous les monarchistes qui entrent dans nos assemblées républicaines. Divisés sur la personne du Prince, ils cherchent un terrain commun pour former une majorité de combat et ils trouvent le cléricalisme.

Alors ils lui livrent ce qu'ils se seraient bien gardés de lui abandonner sous le monarque de leur choix.

C'est ainsi que nous avons vu, en 1849, à l'Assemblée législative, les légitimistes, les orléanistes, les bonapartistes s'entendre pour voter la loi Falloux qui a porté le premier coup à l'Université, et qui a permis aux jésuites, repoussés par la Restauration et le gouvernement de Louis-Philippe, de redevenir tout puissants en France.

C'est ainsi que nous venons de voir, il y a quelques mois, à l'Assemblée nationale, cette même coalition voter la loi sur l'enseignement supérieur qui donne au parti clérical le droit d'avoir des universités où il enseignera nos lois qu'il condamne, et d'élever à part, depuis l'âge de six ans jusqu'à l'âge de vingt-cinq ans, toute une portion de la jeunesse française.

Cléricalisme, bonapartisme, voilà donc les deux écueils à éviter lors des élections prochaines.

L'élection des députés sera faite par le suffrage universel direct, et sur ce terrain, le passé républicain de Saône-et-Loire répond de l'avenir.

Mais l'élection des Sénateurs dépendra du choix des délégués fait par les conseils municipaux.

CONSEILLERS MUNICIPAUX, montrez-vous à la hauteur de la grande mission que la nouvelle Constitution vous confie. Ne vous laissez influencer par aucune de ces considérations particulières qui dans un groupe restreint pèsent trop souvent sur les votes. C'est de la paix sociale, de la grandeur de la Patrie qu'il s'agit.

Ne craignez pas d'interroger celui qui briguera l'honneur d'aller vous représenter au collége électoral. Quel qu'il soit, ne lui donnez pas de blanc-seing; ne le nommez, au contraire, que lorsqu'il aura répondu affirmativement aux trois questions suivantes :

Vous engagez-vous à prendre pour sénateurs des hommes décidés à ne plus abandonner à un Prince le soin des destinées de la France ?

Vous engagez-vous à prendre pour sénateurs des hommes décidés à faire fonctionner loyalement la Constitution républicaine du 25 février 1875 ?

Vous engagez-vous à prendre pour sénateurs des hommes attachés aux principes de la Révolution de 1789 et décidés à les défendre ?

E. REYNEAU.

www.ingramcontent.com/pod-product-compliance
Lightning Source LLC
LaVergne TN
LVHW020312230826
846091LV00006B/2644

* 9 7 8 2 0 1 3 3 8 1 2 1 5 *